Poemas mixtos de raíz

Ezequiel Kratsman

Todos los derechos reservados. Está completamente prohibida la reproducción de la obra sin el consentimiento del autor o la publicadora.
ISBN: 978-1-954314-00-9
Publicada por: Ezequiel David Publishing
Segunda edición: 2020
Copyright © Ezequiel Kratsman

Prólogo

Cada vez que leía o leo un poema, siempre tengo este pensamiento en mi mente: Cada tema, cada hecho verídico o cada sentimiento mencionado en un poema es un pañuelo de palabras, uno grande o pequeño, pero siempre con algo que expresar, con algo que decir y enviar a un mensaje o con un deseo de expresar lo que uno siente. Y lo logra escribiendo las palabras desde la raíz más profunda de su corazón y su alma. Al igual que en el boxeo y en artes marciales mixtas o Vale Todo, en el arte de escribir, uno puede hasta expresar sus más grandes broncas y odios sin la necesidad de pegar. Puede expresar sus sentimientos luego de haber pasado por algún tipo de experiencia. Y conociéndome y sabiendo las experiencias por las que he pasado, puedo expresar cómo me siento cuando recuerdo esas experiencias a través de este medio, que es una de las formas más adecuadas para hacerlo. Eso es lo que más me gusta de la escritura. Al tener una persona cada idea en la cabeza y en lugar de estar diciéndola por ahí, la puede expresar a través de este arte. Claro, hay que pensar bien los detalles y cómo expresarlos. Cuando empecé a escribir, ese pensamiento de que no podía llegar a la cima a través de la escritura empezó a salirse de mi mente.

Al escribir este poemario, me he dado cuenta de una cosa que cada persona puede ver: Con cada tema, una persona puede darse cuenta mejor de cuáles son sus cualidades como persona y qué puede hacer para fortalecerlas y/o mejorarlas. También uno puede descubrir cuáles son sus debilidades en su personalidad y qué puede hacer para eliminarlas o mejorarlas. Con cada tema mencionado, me aseguro de enviarle un mensaje claro a la sociedad y hacer todo lo posible para que sea positivo. También quiero entretener al lector con diversas formas de expresiones. Se van a demostrar todos los sentimientos, incluyendo el amor, que se puede expresarlos y demostrarlos con miles de detalles. Espero que los entretenga y los disfruten como yo me entretuve y disfruté escribirlos.

Índice

1. Siempre será así	11
2. Sin consuelo	12
3. Con mi cabeza en alto	14
4. Oda a mi saco	15
5. ¿Qué hacía la autoridad?	16
6. En la cancha	18
7. Ese verano	20
8. Mi hermano de otra madre	22
9. Jamás te voy a dejar	24
10. En esa oficina	25
11. Conmigo puedes contar	26
12. Sus perlas	27
13. Otra hermana	29
14. Auto-analizarse	30
15. Diamante afligido	32
16. Talón de Aquiles	34
17. Joya herida	35
18. Maestra preferida	37
19. Blanco favorito	38
20. Un Halcón	39
21. Batallador	40
22. Conteo regresivo	42
23. Las tres gatas salvajes	44
24. Obsesionada	46
25. En el círculo cuadrado	48
26. Quiere ser querida	50
27. Alma perdida	51
28. En un país extranjero	52
29. La chica solitaria	53
30. Recorriendo los kilómetros solo	54

31. Encerrado 55
32. Oda a la pera loca 56
33. Un lucero que siempre lo voy a cuidar y adorar
   57
34. Con eso me basta 58
35. Deja de actuar ya 59
36. Ella nunca apareció 61
37. Te debes acercar a mí 62
38. Tus disculpas falsas 63
39. Tu remordimiento falso 64
40. Ver en mi alma el amanecer 65
41. La alegría en tu corazón 66
42. Cuidarte hasta el fin 67
43. Rinconada 68
44. En el pasillo 69
45. Acércate a mí 70
46. Mandíbula impactada 71
47. En la orilla 72
48. En el aula 73
49. Los durmientes en el aula 74
50. Bellas durmientes en el escritorio 75
51. El tablero 76
52. Ver tu corazón entristecer 77
53. En la cima 78
54. La chica mariposa 79
55. Melodía 80
56. Inscripción bravucona 81
57. Operación enseñanza 82
58. Rosa rota 83
59. Violeta sin sus pétalos 84
60. Un motín 85
61. Chica del demonio 86
62. Guitarra abandonada 87
63. Guitarra deseosa 88
64. Proyectiles impactando 89
65. Halcón determinado 90
66. Puños volando 91

67. Belleza sin mentalidad	92
68. Cachorro abandonado	93
69. Bravucón general	94
70. El camionero	95
71. Mi bandera argentina	96
72. Dulce amiga mía	97

Siempre será así   2011

Esa vez que te vi
éramos dos almas perdidas
que no sabían que tan lejos podían llegar.
Te pegabas mucho a mí
con esas tristes heridas
que con mi consuelo empezaron a sanar.
Déjame consolarte
con toda mi adoración.
Déjame tratarte
como una bella bendición.

Confía en mí.
Dime todo lo que pueda hacer por ti.
Mientras estés cerca de mí,
será siempre así.
Buscábamos nuestro destino con mucho que pensar
como dos bellos condores
que hacían mucho más que rezar.
Cada detalle es tan divino que no te puedes dejar llevar
por esos tristes dolores.
Tu vida acaba de empezar.

Si estás a mi lado,
las heridas en tu alma van a desaparecer
y se liberará de todo pavor.
Tu corazón se sentirá de nuevo amado
Vas a volver a ver en él el amanecer.
Sólo puedo darte amor.
Si crees en mí,
en todo momento estaré ahí por ti.
Mientras estés cerca de mí,
Será siempre así.

Sin consuelo   2011

Quizás te sientas como un perdedor,
un pensamiento que puede ser horrible.
Pero si quieres sentirte mejor,
y quieres recuperar ánimos, estaré disponible.
Pensarás: "Quiero irme"
cuando pienses que estás en una profunda soledad.
Pero tienes que mantenerte firme
porque muchos adoran tu personalidad.

Los que piensan que debes desaparecer
porque piensan que tienes un problema irremediable
son ignorantes porque no ven ni tu verdadero ser
ni tu virtud como ser adorable.

Aunque sientas que estás sola en un arca,
un pensamiento que te tiente
hasta en lo más lejano,
sin importar lo dura que sea esa marca,
pienso darte siempre una mano
para que sepas lo siguiente:

Cuando no tengas quien te pueda consolar
y estés con deseos de perderte
en el otro mundo
sin ningún tipo de esperanza
descorazonada en el suelo,
conmigo siempre podrás contar.
Yo sólo puedo quererte
y aliviar tu dolor profundo.
Me puedes abrazar con confianza
cuando estés sin consuelo.

Siempre va a haber gente que se va burlar,
mandándose más de una carcajada

con la intención de lograr
que tu alma esté más afectada
por alguna situación
y lo harán con pasión.

Quiero que sepas que siempre te voy a defender
y te ayudaré a levantarte del suelo.
En mí puedes creer
cuando estés sin consuelo.

Jamás te podría juzgar
ni tampoco podría criticarte
por sentir ese duelo.
Sólo te puedo adorar
y sin miedo me puedes dejar consolarte
cuando estés sin consuelo.

Con mi cabeza en alto

Varias veces me hirieron,
pero mi mente nunca dio un alto.
Mi alma y corazón sufrieron,
pero yo sigo con mi cabeza en alto.
Me han estado subestimando,
pero yo seguiré ganando cada asalto
constantemente luchando
con mi cabeza en alto.

He sufrido de parte de algunas personas heridas
más dolorosas que chocar con un volante,
heridas peores que las que surgen al quebrarse pescuezos.
Esas heridas no están del todo desaparecidas.
Siguen marcadas en mis huesos.
Pero sigo hacia adelante.
Dejo que los que me hirieron sigan por ahí,
Siguiendo pasándose de la raya.
Seguiré peleando constantemente,
con mi espíritu diciéndome: "Cree en ti",
batallando cada batalla
para lograr lo que tengo en mente.

Yo seguiré batallando ferozmente
sin dejarme llevar por los que me están subestimando,
ganando asalto tras asalto
para cumplir las metas que tengo en mente
dispuesto a seguir evolucionando
con mi cabeza en alto.

Oda a mi saco   2011

Aunque al usarlo no uso belleza,
conecto golpes con certeza.
No importa si los años pasan y mi voz se vuelve ronca.
No pienso deshacerme de él jamás.
Prefiero seguir usándolo descargando todo la bronca
que estar en la calle pegándole a los demás.
Con este saco descargo la furia que por dentro que es un montón.
y aunque no lo uso con la técnica que tenía Monzón,
le pego con el poder y la determinación de Marciano
y el coraje de Graziano.

Cuando me pongo los guantes,
me preparo para descargar mi furia
y pretendo romper cientos de volantes.
El resto es historia.
Considero este entrenamiento un ejercicio digno
que puedo hacer con pasión
y adoro hacerlo cada vez que mantengo el ritmo
sin que nadie me llame la atención.

Cuando tiro las rectas y los ganchos, pego con todo,
haciendo el ruido de un sismo.
Al terminar, sigo siendo el mismo
aunque me siento mejor usando ese modo.
Sé que los demás mérito no me dan.
Lo uso útilmente
descargando dentro de mí la furia de un huracán
cuando despejo mi mente.
A pesar de que en cada mano me hiera
usando este saco tirando golpes fuertes e hirientes,
prefiero desahogarme en él como lo hacía Manos de Piedra
con cada uno de sus oponentes.

¿Qué hacía la autoridad?   2011

La mitad de los compañeros de mi grupo
eran una tortura.
Verlos comportarse era peor que ver a un pulpo
haciendo una travesura.
Eran de lo peor
y nunca quisieron parar.
La situación jamás se puso mejor.
Solamente la escuela los podía odiar.
Eran un nivel de adversidad que había que superar
con mucha paciencia, valor y determinación.
No los quería detestar.
Pero ellos no te dejaban otra opción.

Yo no tenía nada con ellos en común.
Así que no siempre me aislaban.
Lo que no entiendo aún
es que cómo era posible que los demás los admiraban.
En las clases, hablaban,
actuando con impulsividad.
Parecía que no razonaban.
Pensaba: "¿Qué hacía la autoridad?"

Eran sumamente impulsivas
y lo demostraban con pasión.
Demostraban un comportamiento con tácticas auto-destructivas
Sin importarles para nada su educación.
Eran unas animales
que parecían salir de unas matas
La conducta de cada una causaba muchos males
como los que pueden causar las ratas.

No importaba cuántas veces los reprendían
y si la acumulación de quejas era inexplicable.
Simplemente no aprendían.
Por eso llamarles la atención era inevitable.

Ningún método disciplinario recibido
servía para nada.
Cada uno se reía
escondiendo cada carcajada.
Sabía perfectamente que eran capaz
de burlarse con intensidad.
No tenía un momento de paz.
Por eso me preguntaba: "¿Qué hacía la autoridad?"

En la cancha   2011

Fue en ese lugar donde algunos fanáticos adquirí.
Y gané una buena reputación.
Cuando jugaba el juego ahí,
lo jugaba con pasión.
Al jugar, sentía alivio dentro de mí.
Este deporte fue parte de una gran salvación.
Estaba listo siempre que jugaba.
Para muchos la experiencia no iba a ser la misma.
Pero cuando hacía una buena jugada, el público se emocionaba,
demostrando que mi estilo tenía carisma.

Desde el principio sabía
que este deporte me llevaría a un buen camino.
Y al jugarlo como me sentía
como mi ídolo que puso en alto el deporte argentino.
Me siento completamente satisfecho
por lo que he logrado
y he hecho
en la cancha, dejando un legado.

Estando listo para jugar,
sabía de lo que era capaz.
Era en este lugar
donde siempre podía tener paz.
Demostraba mucha emoción
cuando iba a jugar
y una indispensable determinación,
haciendo lo que sea para ganar.

Cuando tenía el balón y lo tiraba,
sentía que practicaba un arte.
Eso me alegraba,
aunque sabía que no siempre iba a emocionarte.
Aunque no estaba siempre con alegría,
jugaba sin dejar una mala mancha.

Por eso mis mejores momentos de armonía
los pasé en la cancha.

Fueron pequeños momentos de gloria
que nunca olvidaré y en mi mente se ven.
Estarán siempre en mi memoria
no importa si viva en una casa o en terraplén.
Aunque no tenía la mejor velocidad
como una potente lancha,
mis mejores momentos de felicidad
Los pasaba en la cancha.

Ese verano   2011

Se supone que fuera un verano agradable
luego de graduarme.
De repente pasé por una experiencia desagradable
que acaba de pasarme.
Una chica que era de mis supuestas amigas
dijo unas mentiras de mí.
que por poco destruyen mi vida.
Hasta hoy pienso estuviese hecho trizas
de haber sido así.
Mi vida hubiese terminado permanente destruida.
Fue un momento desastroso.
No fue altamente desgarrador,
pero fue penoso
y muy abrumador.

Su intento de meterme preso quedó en vano,
pero sentí que mi corazón fue lastimado
por mil cabezazos.
Durante ese verano
estuve emocionalmente destrozado
en miles de pedazos.
Fue un dolor tan profundo
que jamás esperaba.
El más profundo que sentí en este mundo,
más profundo de lo que pensaba.

Mi alma estaba tan afectada
que ni yo la hubiese querido mirar.
En ese momento no me importaba nada.
A veces solamente quería expirar.
Estaba internamente tan lastimado,
que quería quedarme en mi casa encerrado.
Me sentí temporeramente dañado
y completamente traicionado.

En ocasiones empecé a lamentarme.
Sufrí una interna devastación.
No quería que nadie se acercara a consolarme
ni me mostrara compasión.
Me sentí culpable,
algo que no pude evitar.
Sufrí una marca interna irremediable
que nunca me podré quitar.

Menos mal que tenía mis adquiridos discos de ejercicios,
algo muy entretenido
para que la mente se pudiera en momentos despejar.
De lo contrario, hubiese pasado algo negativo
como uno de muchos vicios:
Incontrolablemente, la rabia se hubiese empezado a acumular.
Esta mala espina que tenía
no me la sacaba ni el consuelo de mi hermano.
Con tristeza y sin alegría.
Así me sentí durante ese verano.

Mi hermano de otra madre   2011

Era una persona difícil de odiar.
Con él, jamás me he peleado.
Tranquilamente, siempre hemos conversado.
En él siempre pude confiar.
Sabía que nunca me va a fallar.
Si le pedía un consejo que me pueda dar,
no se iba a callar,
estando dispuesto a ayudar.

Sabía actuar con inteligencia.
Le contaba lo que me pasaba.
Aunque para hablarle nunca había urgencia,
me escuchaba.
Si no tenía con quien hablar,
con él siempre podía contar.
A veces podíamos conversar
y no pensábamos parar.

Admiraba su agilidad,
tanto física como mental
Demostraba su lealtad
mejor que un semental.
Era un ser admirable
que demostraba más de una fortaleza
Una persona amigable.
y lo demostraba con certeza.

Uno de los pocos que nunca me ha aislado,
nunca tuvimos diferencias.
Las veces que hemos hablado,
le conté mis experiencias.
No importaba qué ocurriera,
había entre los dos una gran armonía.
Era imposible que nos detuviera
hasta una soberanía.

Siempre fue bueno conmigo
y cuando podía, me daba una mano.
No solamente lo considero mi amigo.
Es también mi hermano de otra madre.
Cuando estaba disponible, me pudo ayudar
Por eso, jamás lo menosprecio.
De él, jamás voy a dudar
porque su amistad no tiene precio.

Cada vez que iba a su casa o él a la mía,
veíamos una buena pelea,
o jugábamos ajedrez.
Ninguna experiencia fue fea
y pensaba que debíamos hacerlo otra vez.

Cada vez que lo trataba como humano,
sé que me iba a ayudar aunque viva en un acre.
Por eso lo considero como mi hermano.
Mi hermano de otra madre.

b

Jamás te voy a dejar   2011

Voy a estar por el paisaje
y de ti quizás esté infinitamente apartado.
Pero pensaré en ese viaje
en que estoy cuando me tienes conquistado.
Desearía en ese momento estar
con solamente alguien y es contigo.
Hubiese sido divino para mi bienestar
y con sinceridad te lo digo.

Tu alma va a sufrir
y se va a desesperar.
Pero debes resistir
porque yo te voy a esperar.
Tu corazón se lamenta
por no estar a mi lado y se va a quejar.
Pero siempre tienes que tener en cuenta
que jamás te voy a dejar.

Voy a estar extrañándote,
pensando en tu dulzura
y siguiendo amándote
con locura.
No tienes motivo
para perder la razón
y tu felicidad.
Siempre sabrás que estoy vivo
y disponible para alegrar tu corazón
y hacer que tus ilusiones se hagan realidad.

Vas a estar 10,000 millas alejada
y vastamente me vas a extrañar.
Pero no debes estar preocupada
porque jamás te voy a dejar.

En esa oficina   2011

Aún recuerdo ese día.
Nunca lo olvido.
En el que en un instante se me fue la alegría
y me quedé sorprendido.
Tuvieron que estar mis padres para defenderme.
Estaba la encargada de disciplina
para explicarme sobre el lío en que acaban de meterme
en esa oficina.

En lo que fue la primera vez que fui traicionado,
una chica que era amiga mía
dijo unas falsedades
que me pudieron haber acabado
por cualquier vía.
Fue la peor de las maldades.
Sentí que estaba en detención
sin ninguna razón.
Al darme cuenta de su intención,
sentí los latidos de mi corazón.

Sentí que me encerraron en un calabozo
al tenderme una trampa.
Algo más doloroso
que tropezar con un pozo.
Solamente pude controlarme
y pensar que no pudo haber sido con cualquiera.
Pero me pregunté cómo pudieron tratarme
de esa manera.
Fue un momento vergonzoso
en el cual no tuve mucho que rezar.
Pero mi tiempo de tristeza desastroso
acababa de empezar.

Conmigo puedes contar   2011

Nos contábamos nuestras cosas
sin importar que fueran buenas o desastrosas.
Me admiraste cuando superé varios obstáculos
que vinieron de distintos ángulos.
Nos empezamos a hablar más a menudo
y yo paré de quedarme mudo.
Quizás no sabía de qué podíamos hablar,
pero siempre me las podía arreglar.

En el colegio había un raro ambiente
pero cada uno de nosotros fue un sobreviviente.
Nos hemos tratado con tanta bondad
que parecemos una hermandad.
No tuve que amargarme
porque te atreviste a hablarme.
Si hay algo que vas a necesitar,
conmigo puedes contar.

No sabía que eras amigable.
No esperaba que esta amistad fuera durable.
No te falta nada de ética.
Admiras cada habilidad atlética
que tengo
y respetas mucho el país de donde vengo.
Nunca me decepcionaste.
Cuando necesité ayuda, me ayudaste.
Contigo pude contar
cuando no habían muchos en quien confiar.

Si tienes un problema que piensas que es irreversible
y necesitas ayuda, yo estoy disponible.
Si necesitas una mano, te la voy a dar.
De mi amistad jamás debes dudar.
Si en algo te puedo ayudar,
conmigo puedes contar.

Sus perlas   2011

Ella se pone a pensar
en cómo puede lidiar con esta situación.
Tiene miedo de comenzar
a pasar desesperación.
Piensa que se va a desvanecer
su belleza,
algo que empezó a entristecer
su querida naturaleza.

Puedo entender su dolor.
pero no sé si puedo aguantar más.
Sus lágrimas son como perlas que se van a quebrar
y una vez se rompen en el suelo, jamás
van a recuperar su color.
Y no las podré arreglar.
Siente que no va a mejorar
Y entiendo la razón.
Pero es difícil para mí.
A veces me dan ganas de llorar
porque hasta mi corazón
se apena al ver sus perlas romperse así.

Ella luce completamente letárgica
en su cuarto, luciendo peor que un coche.
Se ve sin serenidad y melancólica
y está así toda la noche.
Es una tristeza que no puede evitarse.
Cuando está en la cama, lo que hace es gimotear
hasta que los ojos empiecen a agotarse.
Tristemente, lo que estoy diciendo es real.

Se le va a ir el entristecimiento.
Pero no va a ser ahora
en este momento.
Ni dentro de una hora.

No quiero que esa dulce armonía
que ella me brinda desaparezca.
Ni que esa alegría
que siempre demuestra se desvanezca.

Otra hermana   2011

Al principio no podía entenderla.
Pero con el pasar de cientos de meses,
Empecé a conocerla
y puedo hablar con ella infinitas veces.
Ella me tiene admiración
Por mi mente sana
Y mi personalidad sin ninguna complicación.
Por eso la considero como otra hermana.

Nos contamos lo que nos pasa
y cómo estamos.
Aunque le hablo desde mi casa,
Por lo menos la mente la despejamos.
Me menciona cada comentario
Que las voces en los pasillos comentan.
Me hace preguntarme si es necesario
Y si la detestan.

Le he contado las veces que me hirieron,
cómo lo hacían,
y cómo simplemente siguieron
y al hacerlo, a veces se reían.
Ella entiende perfectamente cómo los de mi grado
se comportaban
y en cualquier lado,
me molestaban.

Es una persona imposible de odiar
Y es la verdad.
Con ella puedes lidiar.
No me arrepiento de brindarle mi amistad.
No importa lo que la gente diga.
La voy ayudar a cualquier hora, hasta en la mañana.
No solamente es una amiga.
Es como otra hermana.

Auto-analizarse   2011

Los chicos y chicas gimoteaban
Cuando los profesores los reprendían.
Nunca se preguntaban
Por qué lo hacían.
No se sabe que pretendían
Si en los aulas hablaban.
Varias veces se resistían
y no trabajaban.

Se supone que se pusieran a trabajar
Y tener cada deber hecho.
Pero cada vez se tenían que quejar,
creyéndose que tenían toda clase de derecho.
Algunos se creían la ley,
Creyéndose una infinita patrulla.
Se creían que merecían siempre ser tratados como un rey
y podían salirse con la suya.

No debieron molestarse.
Tenían que aprender.
Se negaron a enderezarse
Y algunos puntos no los querían entender.
Tontos no iban a parecer,
Pero en vez de quejarse,
Lo que mejor que debían hacer
es auto-analizarse.

En lugar de pensar
en el sacrificio que hacían sus figuras paternales,
se ponían a comenzar
problemas infernales.
En vez de aprovechar todo vínculo
y recurso que se les daba,
hacían el ridículo
y nada les importaba.

Si de verdad hubiesen sabido lo que hacían,
no hubiesen hecho tantas necedades
y trataran a los maestros como se merecían,
no hubiesen desperdiciado tantas oportunidades.
Pudieron haber hecho todo
como debían.
Pero se complicaban como un muro de yodo
y aun así se reían.

Muchas oportunidades perdidas
que no podrán recuperarse.
Todo por tener sus mentes idas
y no auto-analizarse.
Si pudieron quedarse
atrapados en varios espejismos,
lo mejor que pudieron haber hecho para mejorarse
era auto-analizarse ellos mismos.

Diamante afligido 2011

Ella se pone a pensar cómo pudo ser posible.
Piensa que va a terminar perdiendo
y el daño que puede haber es irremisible.
Ya se está deprimiendo.
No sabe que puede hacer.
Cree que esto la va a demoler.
En todo la pienso complacer,
pero su aflicción me empieza a doler.

La veo acostarse en su cama
y las lágrimas de sus ojos empiezan a caer
y no es ningún melodrama.
Ella siente que se va a decaer.
No puedo evitarlo
porque tenerla a mi lado vale oro.
Entiendo su dolor y quiero aliviarlo
porque ella es mi tesoro.

Su corazón afligido es como un diamante
que se va a romper
de una forma alarmante
y se va a corromper.
Sus sentimientos son bonitos
y cada uno de ellos me conforma.
Hasta mi alma se apena ver su diamante romperse en pedacitos
de esa forma.

Cuando la vea llorar,
todo mi consuelo se lo doy.
Su ánimo va a mejorar,
pero no hoy.
Su corazón está herido
y muy amargado.
Sólo puedo hacer que su corazón se sienta amado
cuando esté afligido.

Su corazón tan dulce y fino
es ahora un mar de lágrimas listo para evaporarse.
Ella es tan especial con ese corazón divino
que no lo quiero ver deteriorarse.
Siente que tiene que lidiar con una tortura
y su estado alegre es ahora deficiente.
Quiero darle toda mi ternura,
pero siento que no va a ser suficiente.

No sé cuánto más puedo soportar.
Su corazón afligido es como un diamante
que se va cortar
de un modo intolerante.
Simplemente se queda tristemente serena
con su corazón herido
y me apena
ver su enorme diamante afligido.

Talón de Aquiles   2011

Va a suceder cada evento
que va a ser una experiencia.
De vez en cuando algún momento
va a causar una pequeña dolencia.
Pero de ellos se pueden aprender
mejor sobre las cosas
y se pueden comprender,
se evitan hasta aventuras desastrosas.

Si hiciste un movimiento incorrecto,
no tienes por qué preocuparte.
Sigues en el camino recto
sin tener que ocultarte.
Una persona no puede ponerse macilenta
porque los errores cometidos son miles.
Pero en algunos uno se puede dar cuenta
de cuál es su talón de Aquiles.

Una acción equivocada
es algo que va a pasar,
pero uno no pierde nada
con pensar en ella y analizar.
Habría que pensar con delicadeza
en nuestra debilidad.
Al hacerlo con firmeza,
se tiene mejor suerte hasta en cualquier localidad.

Algunos hacen equivocaciones
y empiezan a maldecirlas.
Y quieren adquirir adhesiones
en lugar de corregirlas.
Hay que lidiar con las emociones.
No nos pondremos viejos como perejiles.
Pero con esos errores, que pueden ser hasta millones,
podemos descubrir nuestro talón de Aquiles.

Joya herida   2011

Ella se empieza a horrorizar,
algo que nunca vi desde que la conocí.
Piensa que no va cicatrizar
y mi alma se entristece verla así.
Puedo sentir ese dolor en su corazón
que cada vez más la está afectando.
Lo siento como un quebrazón
que desde todos los ángulos se está escuchando.

Empiezo a ver las lágrimas saliendo de sus ojos.
Siento que su corazón se vuelve quebradizo
y sus sentimientos se vuelven flojos.
Ojalá fuera todo eso para mí olvidadizo.
Pero admiro hasta su alma tan bella
que puedo ver su tristeza en cada ojo lloroso.
Al ver la pena en ella,
siento que lloro con su alma en un pozo.

Para ver su cara llena de alegría,
le daría un beso hasta en la sien.
Con todo mi afecto lo haría.
Pero ahora no estaría bien.
La quiero consolar afectuosamente
para que su dolor se pueda desechar.
Pero tengo miedo de que directamente
me vaya a rechazar.

Me apena no ver en su cara la felicidad
y verla con esa dolencia
que la hace expulsar lágrimas sin docilidad
y la hace pedir clemencia.
Apoyándola es como seguir conservando un tesoro,
siguiendo quererla sin pereza
porque ella para mí vale oro.
Ojalá que en ese momento recuerde eso con certeza.

No sé cuánto más ya puedo arrasar.
Su alma herida que ya no va a durar
y no quiero ver eso pasar
porque yo quiero verla perdurar.
Tengo su dolor en mi mente
y me apena verla con su joya herida en el suelo
expulsando lágrimas desconsoladamente
y sin nada de consuelo.

Maestra preferida 2011

No se comportaban en su clase.
Siempre era la misma historia.
De los problemas que causaban,
me sé algunos de memoria.
Cuando hablaban cada día,
le causaban miseria.
No sé hasta este día
cómo hacía para no estar siempre en histeria.

Ver los informes de disciplina
acumularse era inevitable.
Aunque ella les diera de su propia medicina,
el asunto seguía siendo detestable.
Cada vez que advertía,
uno empezaba a reírse
pensado que se divertía
y después empezaba a cubrirse.

Todas sus múltiples advertencias,
cada una teniendo un resultado escaso.
Creí que iba a sufrir mil demencias,
pero no fue el caso.
Ella seguía completamente decidida
a seguir dándole importancia.
Pero siguió la maestra preferida
porque la fastidiaban con extravagancia.

Cuando los demás tenían que madurar,
no tenía miedo y lo decía.
De todas formas nada iba a procurar
porque ninguno crecía.
Estaba dispuesta a amonestar
si clase estaba siendo interrumpida.
Si había alguien para molestar,
para mis compañeros, ella era la maestra preferida.

Blanco favorito   2011

Si no me veía muy bien físicamente,
había un problema.
Si actuaba excéntricamente,
pensaban que era una flema.
No podían engañarme
porque no tengo ceguera crónica.
Siempre había una razón para subestimarme
porque no sabían usar la lógica.

Tratar de despojarme de mi tranquilidad
se convirtió en una rutina diaria.
En varias ocasiones, la irritabilidad
se volvió una sensibilidad agria.
Hasta fastidiaban en las clases,
habiendo más que dúplicas.
Lo hacían en distintas fases
y no los paraban ni las súplicas.

Ser el blanco favorito
de algún comentario peyorativo
no era ni nada bonito
ni nada emotivo.
Estar todo el tiempo escuchando esas voces
que no querían verme suspirar
era como sufrir mil toses
que no querían escucharme fácilmente respirar.

Aunque trataba con todo
para intentar ignorar,
no había ningún modo
para que la situación pudiera mejorar.
Tanto no me llegaron a perjudicar
porque no fue como un mito.
Si algunos querían buscar a alguien para criticar,
yo era el blanco favorito.

Un Halcón   2011

Sin importar lo que la gente crea,
voy buscando mi camino
indicado contra viento y marea
para controlar mi destino.
Aunque tenga que estar lidiando
con todo el dolor a puestas,
prefiero seguir demostrando
que soy más fuerte que un gallo sin cresta.

Ser un halcón es una ventaja
porque me puedo sentir
libre de una gran caja
y no tengo por qué mentir.
No necesito andar en una manada
para tener alta mi auto-estima.
Así no siempre ando con una carga pesada
que me hace tener un enorme peso encima.

Me siento como esa ave
que hace su avance implacable
e inexplicablemente sabe
usar su mente como un sable.
Aunque me sienta aislado
en un pequeño o enorme balcón,
yo sigo siendo determinado
como un halcón.

Batallador   2011

Varias veces me lastimaron
y no se les ocurrió cesar.
Jamás pararon
aunque no me dejé apresar.
Algunos chismearon cada cosa
para que mi era escolar
fuera desastrosa
y no espectacular.

Si muchísimos creyeron
por una centésima de segundo
que porque me hirieron,
me quedé en un mundo
sin compañía y sin drenaje
porque me subestimaron,
yo les tengo un mensaje:
Se equivocaron.

Puedo agradecerles por volverme más fuerte
con un poder abrumador
y aumentar completamente mi suerte.
Gracias por convertirme en un batallador.
Ya no dudo de mis habilidades; en ellas creo
que mi mente es fuerte como un amortiguador.
Me hicieron ver de lo bueno que poseo.
Gracias por convertirme en un batallador.

Creyeron que me superaron
por causarme cada herida
y dijeron y provocaron
cada problema que no se me olvida.
Pensaron que iba a terminar aislado
con mi alma vencida
y quizás muy olvidado.
Pero yo sigo viviendo mi vida.

Si creyeron que estaría amargándome
por haber pasado por sus animaladas,
deberían ver cómo estoy riéndome
por creerse ese cuento de hadas.
Mientras ellos estén perdiendo la fe,
yo estoy con mi cuerpo completo
estando de pie,
dispuesto a enfrentar cualquier reto.

Mientras ellos estén en su demencia
comportándose inútilmente,
yo sigo haciendo cada coherencia
actuando decentemente.
Para que ellos vean
que yo puedo hacer
que los demás que me rodean
observen que tan hábil puedo ser.

Quiero agradecerles por volverme más fuerte
con un poder más abrumador.
Me han hecho aumentar mi suerte.
Gracias por convertirme en un batallador.
Ya no tengo que estar de luto.
Puedo controlar mi destino como un domador.
Me han hecho ser más astuto.
Gracias por convertirme en un batallador.

Conteo regresivo　　　　　　　　　　2011

Cuando vuelva a mi república albiceleste,
voy a recuperar todo el tiempo perdido.
Aunque me localice en el sureste o suroeste,
ya no voy a sentirme herido.
Voy a disfrutarme cada día
que esté viviendo ahí.
Va ser como una dulce melodía
y deseo que sea así.

Voy a ver a mis primos y tíos
que no me han visto en años,
así me cuentan sus cosas, sus líos
que tuvieron y los daños,
si es que sufrieron.
Y me cuentan las experiencias
surgidas que vivieron
y todas las influencias.

Ellos me contarán sus historias
y no podrán evitar el llanto.
Y yo les narraré mis memorias
de que convirtieron mi vida en un espanto.
Van a ver lo mucho cómo cambié
y para todos va a ser impresionante.
Pasé por más de un traspié,
pero seguí hacia adelante.

Visitar todo va a ser como una clase,
sólo que me puedo poner emotivo.
Pero mientras espero que eso pase,
voy a empezar el conteo regresivo.
El día en que la oportunidad se dé,
voy a recorrer todas las provincias,

desde Buenos Aires hasta Santa Fe,
y lo voy a hacer con felicidad.

Debo seguir teniendo paciencia.
Por lo tanto, debo esperar.
No es necesario la urgencia
porque sé que el tiempo lo puedo recuperar.
Cuando vuelva, no voy a carecer
de alegría por ningún motivo.
Mientras tanto, lo que puedo hacer
es empezar el conteo regresivo.

Las tres gatas salvajes   2011

Estar casi todo el tiempo escuchando
lo que hacían en la escuela.
era peor que estar soportando
un dolor inmenso en una muela.
Podías estar muy preparado
para la clase en tu silla.
Pero si estabas a punto de ser atormentado,
había que prepararse para la pesadilla.

Tratar de hacerte pasar un susto
o intentar hacer quedar en ridículo
era algo que hacían con gusto
y tenían siempre en su currículo.
Tenía siempre el presentimiento
que iba a pasar algo muy feo
si de verdad sucumbía al hostigamiento.
Hasta este día lo creo.

Eran como pollos sin cabeza.
Se descontrolaban sin pausar.
Nunca podías saber con certeza
qué problemas iban a causar.
Se metían en asuntos
que no eran de su incumbencia.
No necesitaban conjuntos
para actuar con imprudencia.

Serán recordadas por todos
como un grupo de problemáticas
que molestaban de todos modos
y se creían que tenían fanáticas.
Actuaban como unas forajidas
que no merecen homenajes.
Por eso, siempre serán conocidas
como las tres gatas salvajes.

El constante tormento
se volvió inevitable.
Muchos tenían el mismo sentimiento:
Cada una era detestable.
Gracias a las circunstancias dadas,
surgían los mismos resultados:
Eran vastamente odiadas
por chicos y chicas de distintos grados.

Se quejaban si te ponías mal
cuando me hacían perder mi temperamento.
No las hubiese detenido ni con un mordisco abismal
ni con mis puños duros como cemento.
Se creían mentes brillantes y bellas
cuando en realidad tenían un pobre vocablo.
Sucumbir ante el acoso de ellas
era como venderle tu alma al diablo.

No podías descuidarte
con ellas por un segundo.
Podían intentar lastimarte
para dejarte un hoyo profundo.
Ibas a ser fuertemente atacado
por sus ataques de distintos voltajes.
Por eso, tenías que tener cuidado
con las tres gatas salvajes.

Obsesionada   2011

Se ve que estás pidiendo
tener mi atención.
Me sorprende que no estás yaciendo
en el suelo en detención.
Está sumamente claro
que estás obsesionada conmigo.
Ya me di cuenta que no es nada raro.
Estás peor que un mendigo.

Crees que tienes un cerebro rico,
cuando en realidad no puede funcionar.
Tratas de llamar la atención de un chico
que jamás vas a impresionar.
Si sigues, te vas a desilusionar.
Te estás volviendo demente.
Estás siendo muy irracional.
Estás perdiendo tu tiempo completamente.

No tenías que causar problemas
para que te escuchara.
Lo que lograste fue causar enfisemas
que hicieron que te ignorara.
Cuando te burlabas de mí,
lo mostrabas sin vagancia.
Lo que lograste que sienta por ti
es asco y repugnancia.

Me has hecho casi perder la paciencia
con tus hostigamientos.
Pero no te daba la consciencia
para respetar mis sentimientos.
Intentaste constantemente atraparme
como una arena movediza.
Lo que has hecho es demostrarme
que tienes menos versatilidad que un pedazo de tiza.

En tu mente no te cabe
que tus intentos no dan resultado.
Todo el mundo lo sabe,
cuando caminas por cada lado.
Se ve que estás obsesionada
con la idea de que esté contigo.
Pero no estás logrando nada.
Se nota que estás frustrada conmigo.

Pareces una pequeña nena
que no quiere cambiar de parecer.
Lo que causas es asco y pena
porque no tienes nada más que hacer.
Simplemente desilusionas
porque estás demente.
En nada me impresionas
porque pierdes tu tiempo completamente.

Tus intentos de afectarme resultaron en vano
porque demostraste que no tienes ética.
Te debo decir la verdad como un ser humano
debe decirla: Eres patética.

En el círculo cuadrado   2011

Mucho lo consideran brutalidad
porque no hay delicadeza.
Pero me da un poco de felicidad
porque para mí hay belleza.
Cuando entro a ese sitio cúbico,
mi actitud no es la misma.
Animo hasta un pequeño público,
demostrando mi carisma.

Yo ya sé cómo la fanaticada
va a reaccionar y cómo va a sentirse
cuando reciba un golpe en mi mandíbula preparada,
pensando que el asalto va a definirse.
Para ellos, es entretenimiento
sin importar si alguien pasa un susto.
A mí no me importa el sufrimiento
porque peleo con gusto.

Mis puños deben hacer el trabajo
y eso nadie lo va a dudar.
Sé que no puedo tomar un atajo
y nadie me puede ayudar.
Es un deporte peligroso,
pero si estoy bien entrenado
puedo salir airoso
en el círculo cuadrado.

Cuando estás en el círculo cuadrado,
no te va a ayudar la desesperación.
Tienes que tratar de estar relajado
y demostrar tu determinación.
Es el momento de no mostrar vanidad
y demostrar mucha tolerancia.
Es una tremenda oportunidad
de durar la distancia.

Una vez subo ahí,
no hay ninguna alianza.
Tengo que creer en mí
y mostrar confianza.
Hay muchos golpes que esquivar,
cada golpe tirado de un distinto oriente.
Me tengo que avivar
y ver que hará el oponente.

Cuando entro al ensogado,
muchos no me dan su apoyo.
Pero no me siento atrapado
en un enorme hoyo.
Muchos lo consideran un martirio
que puede dejar a uno golpeado.
Pero a mí me deja alivio
cuando estoy en el círculo cuadrado.

Quiere ser querida

Se entera de cada cosa chismeada
y el detalle de cada comentario.
Tiene que estar ubicada
en un rincón solitario.
Es como si se reparten volantes
para lastimarla
y ni los más fuertes calmantes
van a tranquilizarla.

Es un ser con sensibilidad
y muy buenos sentimientos.
Quiere que reconozcan su amabilidad
y vastos reconocimientos.
Se siente agradecida
cuando ella es aceptada.
Quiere ser querida,
pero es marginada.

Ya no quiere ser rechazada
por ser diferente.
Quiere ser aceptada,
aunque no pase de repente.
Simplemente está cansada
de acumular cada herida.
Ella no pide nada de nada.
Sólo quiere ser querida.

Alma perdida   2011

No sabía ni cómo ni qué pasaba
cuando yo estaba alrededor.
Sentía que en ninguna parte encajaba.
Creí que me veían como un perdedor.
Lo puedo comentar todo como una nota
como un evento memorable.
Creí que iba a terminar en una bancarrota
emocional irreparable.

Yo era simplemente un alma perdida
que no sabía bien qué hacía en un pasillo.
No necesitaba una persona persuadida
para decirme que el asunto no era sencillo.
Era como si socialmente
estaba en un total desamparo.
Pensé que eso pasaría constantemente
porque pensaban que era raro.

No tenía idea de lo que me rodeaba.
Ahora me doy cuenta de todo.
No entendía bien qué me pasaba,
pero ahora puedo vivir a mi modo.
No necesito personalidades extravagantes
a mi lado para disfrutar mi vida.
Ya no soy ese mismo ser de antes.
Ya no soy un alma perdida.

En un país extranjero   2011

Estando en un país que no es el mío,
veo diferentes estructuras.
Es como si estoy perdido en un río
y me tardo en encontrar sus hermosuras.
Veo un distinto tipo de gente
con la que debo intentar socializar.
Y tengo que tener en mente
que no siempre voy a capitalizar.

Es una distinta cultura
que nunca voy a adoptar.
Al principio es una tortura,
pero me tengo que acostumbrar.
Al principio, extraño mi país verdadero
y a todos mis parientes.
Ahora que estoy en un país extranjero,
sólo quiero que sean pacientes.

Habrán personas con distinta genética
y un modo distinto de pensar.
Quizás no tengan la misma ética.
No sé por dónde puedo comenzar
para iniciar conversaciones
e intentar conocer gente.
Los demás, sin tener obligaciones,
quizás no pensarán que soy diferente.

Tengo que lidiar con gente nueva,
gente que no es de mi país.
Eso para mí es una gran prueba,
pero nunca olvidaré mi raíz.
Muchas cosas tendré que acceder
mientras en tierra nueva espero mi venidero.
Muchas cosas van a suceder
al estar en un país extranjero.

La chica solitaria   2011

Ella está en un rincón aislada
sin nadie que le haga compañía.
La gente hace que se sienta abandonada.
Eso ya se convirtió en una manía.
Se siente como un girasol
que al estar muy deshidratado
tras estar mucho tiempo bajo el sol,
se empieza a sentir deteriorado.

Lo que hacen los demás es ignorarla.
Casi nadie le presta atención.
Ninguna persona quiere escucharla,
haciendo que empiece a sentirse en detención.
Casi nadie le dirige la palabra
aun estando en la fila contraria
Espera que alguna puerta se le abra
para dejar de ser la chica solitaria.

Se siente como una gaviota
que de repente termina su vuelo
debido a una ala rota
y está triste en el suelo.
Cada vez que le dicen su fealdad,
se siente cada vez más negada.
No consigue un amigo con lealtad,
algo que la tiene cansada.

Espera que en alguna ocasión
los demás vean su verdadera forma de ser,
sin tener que causar una situación,
y que de verdad la lleguen a conocer.
Aunque ella siga viviendo su vida,
no importa cuál sea el área,
seguirá siendo conocida
como la chica solitaria.

Recorriendo los kilómetros solo   2011

Pienso recorrer cada hemisferio
y ver varios horizontes.
Será como visitar un antiguo imperio
y ver desde lo alto los montes.
Tengo planeado caminar por calles
que nunca pude visitar.
Y ver muchísimos valles
que pueden excitar.

Aunque no esté acompañado,
puedo disfrutarlo sin problema.
No me voy a sentir afectado
porque puedo hablar de cualquier tema.
Voy a visitar cada estadio
que nunca he visto antes.
Intentaré escuchar varias estaciones de radio
nuevas para mí, esperando que sean interesantes.

Aunque nadie me haga compañía
no tengo que entristecerme
porque no necesito una soberanía
para que pueda entenderme.
No importa si hay gente huyéndome
si me ven visitando algún polo.
Mientras no hay nadie siguiéndome,
seguiré recorriendo los kilómetros solo.

Puedo liberarme de ese nido
que siempre he tenido por dentro.
Ahora podré caminar por mi país querido
desde afuera hasta el centro.
Al viajar por mi país, voy a alegrarme
sin tener que seguir un protocolo.
Si nadie puede acompañarme,
estaré recorriendo las kilómetros solo.

Encerrado 2011

Esas mentiras que dijo esa chica de mí
ese día casi lo arruinan todo.
Jamás en la vida habían hablado así.
Nadie habló de mí de ese modo.
Por algo que nunca he hecho
jamás casi me reportan.
Hubiese terminado deshecho
con un dolor que muy pocos soportan.

No quería salir a ningún lado
debido a la vergüenza que sentí.
Estar en la casa encerrado
era en ese verano lo mejor para mí.
Temí que ya nadie me admirara
y eso me enfadaba.
No quería que nadie me mirara
de lo avergonzado que estaba.

No lo tengo en el olvido.
No fue una experiencia sencilla.
Cuando me quedaba dormido,
siempre tenía alguna pesadilla.
Los momentos que me salí de la cama
porque no podía dormir fueron tantos
que las lágrimas se acumularon en una rama
y no pude evitar los llantos.

No quería que nadie se diera cuenta
de lo heridos que estaban mis sentimientos.
Creí que la gente iba a estar atenta
a todos mis sufrimientos.
Estaba con un profundo duelo,
completamente conmocionado.
Tenía mis ánimos por el suelo.
Durante ese tiempo sólo quería estar encerrado.

Oda a la pera loca   2011

Cuando la empiezo a golpear,
empieza a moverse hacia adelante y hacia atrás.
Hace que un ritmo se empieza a crear
rápidamente sin parar jamás.
Ningún tipo de tema se toca
cuando lo estoy usando.
Al usar la pera loca,
uno nota que me estoy enfocando.

La escucho constantemente rebotando
cuando se mueve a cada lado.
Con el tiempo, me ido acostumbrando
al ruido que no me tiene mareado.
Cada vez que la pera loca rebota
lo que hace es inspirarme
a fajarme y sudar cada gota
aunque empiece a cansarme.

Cuando le pego con rapidez,
mejoro mi velocidad en los brazos.
Trato de mantener la fluidez
para evitar cientos de puñetazos.
Hago diez largos episodios
de tres intensos minutos.
En ella, también puedo descargar odios
aunque sean bien diminutos.

No es un entrenamiento complejo,
pero me hace sentir bien.
Me ayuda a mejorar mis reflejos
para prevenir golpes más rápidos que un tren.
Sería parte de mi imaginación
si tendré los puños más sólidos que una roca.
Pero sé que mejoro la coordinación
cuando utilizo la pera loca.

Un lucero que siempre　　　　　　　　julio 2012
voy a cuidar y adorar

Me apena verte en medio de la nada
como un alma completamente apenada,
quedándose muy aislada
y arduamente desconsolada.
Sin nadie al lado tuyo,
como un pilluelo recién salido del capullo
que está completamente abandonado
con su corazón lastimado.

De mí no tienes que apartarte
Porque yo quiero ayudarte
A sanar esas heridas
y recuperar tus esperanzas perdidas.
Y estoy siendo sincero
Porque tu corazón es un bello lucero
que no quiero verlo llorar.
Por eso, siempre lo voy a cuidar y adorar.

Quiero ver en ti esa mariposa
que es simplemente amorosa.
Por dentro es una hermosura,
que purifica el corazón de todos con su dulzura.
y nadie puede despreciarla.
Todos tienen que apreciarla
porque alegra a todos con pasión.
Lástima que no todos la tratan con dedicación.

Cuando tu corazón esté afligido,
yo estoy completamente decidido
a auxiliarte para consolarlo
y lidiar con sus heridas y sanarlo
sin excusas y sin peros
porque tu corazón es un bello lucero
que no quiero verlo llorar.
Por eso, siempre lo voy a cuidar y adorar.

Con eso me basta   agosto 2012

No necesito ir a una joyería
a conseguirte un anillo que es una hermosura.
Sólo animarte y recuperar tu alegría
Para que no sufras más amargura.

Solamente puedo demostrarte
mi bondad que es incomparablemente vasta
que puede impresionarte.
Con eso me basta.

Si a tu dulce corazón
le pasó un evento que sólo puede llorarlo
y está roto en pedazos como un tazón,
yo estoy dispuesto a curarlo.

Sólo puedes recibir amor de mí.
Y será tanto que no nunca vas a estar harta.
Amada te vas a sentir y yo también me sentiré así.
Con eso me basta.

Deja de actuar ya   agosto 2012

Para serte bien sincero,
te ves ahora muy patética
yendo a la oficina a actuar,
a hacerte la víctima y la histérica.
Pensando que debería disculparme,
culpándome por tu desconsideración.
Soy yo quien debería indignarme.
Por favor, para con la actuación.

No digas que te sientes mal
Porque no lo estás.
Porque sé que cuando terminas el daño
Nunca lo vas a estar.
Pero actuaste muy bien; conmoviste a todos.
Es hora que te detengas; te ves tonta de todos modos.
Es hora de parar; deja de actuar ya.

Vas a la oficina de la escuela
Haciéndote la ofendida.
Luces como una sanguijuela
Pretendiendo que estás herida
cuando yo estaba defendiéndome.
Y en la oficina, dices: "Él empezó a maldecir,
Él empezó ofendiéndome".
¡Por favor! ¿Qué otra mentira vas a decir?

No digas que lo lamentás
Porque nunca lo vas a lamentar.
Porque lo único que lamentás es
que la pelea no la pudiste terminar.
Pero hiciste un gran teatro
Mantuviste a todo el mundo conmovido.
Pero es mejor que pares ya.
No vas a dejar un triste rastro.

Ese teatro fue muy entretenido.
Pero para ya; deja de actuar ya.

El premio de la mentirosa del año
te lo ganaste vos
Por decirle a la directora
que yo empecé esa pelea entre los dos
cuando vos fuiste la que empezó
con las ofensas hirientes.
Yo estaba tranquilo,
pero empezaste con tus comentarios dolientes.

Ella nunca apareció   agosto 2012

Nos conocimos por una red social.
Varias veces hablamos.
Un día, fui a un centro comercial
a verla ahí como arreglamos.
Luego de un par de horas esperando,
La salida planeada nunca se dio.
Lo que hice fue seguir esperando,
Pero ella nunca apareció.

Hice varias llamadas;
y ninguna fue contestada.
Le dejé un mensaje en algunas ocasiones;
ninguna ocasión tampoco fue contestada.
Simplemente me cansé de esperar
luego de haberle dado mi confianza.
No me tardé un segundo para superar
esa experiencia y no hacer propaganda.

No soy el único chico
que le ha pasado.
Pero después de un rato,
No valía la pena sentirse apenado.
Sé que a mi amiga no le pasó nada.
Nada le sucedió,
pero tengo en mi mente marcada
del día que ella nunca apareció.

Te debes acercar a mí   septiembre 2012

Me encanta cuando me haces reír
Porque mantiene mi alegría notada.
Përo ahora te ponés a veces a sonreír
desde que él te tiene manipulada.
No sé qué fue lo que en vos vio.
Él no sabrá tu historia como la sé yo.

Tenés una gran sonrisa
que puede alegrar a toda la ciudad.
No he vuelto a ver esa risa
desde que él te atrajo con claridad.
No podrás confiar en él así
como confías en mí.

Pero él es un galán;
Yo no sé las jugadas.
Él es el capitán
y yo estoy en las gradas.
Te está utilizando.
¿No podés darte cuenta ya
que lo que has estado buscando
ha estado todo el tiempo acá?

Si vieras que comprendo hasta tus murmullos.
Estando aquí, ¿por qué no podés entender
que te debes acercar a mí?
Estando siempre al lado tuyo
todo este tiempo, ¿cómo no pudiste ver
que te debes acercar a mí?

Yo conozco tus cualidades bonitas.
Yo las sé valorar.
Conozco tus risitas
y sé cuándo vas a llorar.
Te debes acercar a alguien que te consuele así
y debe ser a mí.

Tus disculpas falsas   septiembre 2012

Tu disculpa falsa me recordaron esa acción destructiva
que pudo destruir mi vida de forma atroz.
Tu disculpa falsa no borrarán esta imagen negativa
que ahora siempre tendré de vos.
Tu disculpa falsa no me ayudarán
a olvidar esa ocasión
cuando trataste de jugar con mi vida.
Tu disculpa falsa no borrarán
de mi mente esa traición
que dio la amistad por perdida.

Tu disculpa falsa me recordó la indignación
que me causaron vos y tu papá esa vez.
Tu disculpa falsa me recordó esa humillación
Que pasé yo y mis viejos a la misma vez.
Tu disculpa falsa inútilmente
pedida fue rechazada.
Tu disculpa falsa simplemente
no sirve para nada.

Tu remordimiento falso   septiembre 2012

Tu remordimiento es tan falso
que parece fabricado.
Tu remordimiento es tan falso
que tu perdón fue inventado.
Tu remordimiento es tan falso
que nunca te lo voy a creer.
Tu remordimiento es tan falso
que no sé cómo la gente te puede ver.
Tu remordimiento es tan falso
que la disculpa lució escrita por una cabra.
Tu remordimiento es tan falso
que nadie te creyó ni una sola palabra.
Tu remordimiento es tan falso
que pensé que la disculpa me la envió un cucaracha.
Tu remordimiento es tan falso
que pienso que la disculpa falsa fue escrita por una mujer borracha.

Ver en mi alma el amanecer   octubre 2012

Al levantarme, veo el amanecer.
Y mi alma se siente feliz
al ver cómo todo va a embellecer
y formar una bella matriz.
Ve un arco iris lleno de prosperidad
que lo que hace es iluminar
mi alrededor para verlo con claridad
y en él pueda caminar.

Al ver en mi alma el amanecer,
se siente como un bello girasol
que de repente empieza a florecer
al ver el hermoso sol.
Mi alma no siente melancolía
porque no tiene que apenarse.
Cuando ve la luz del día,
lo que hace es alegrarse.

Escucho las aves con mucha paz
en una rama a punto de cantar.
Es para ellas una gran faz,
más cómoda que un altar.
Disfruto respirar el aire puro
que empieza a entrar en mí.
Cuando mi alma lo siente, murmuro:
"Ojalá que sea siempre así"

Siento que la mañana lucirá tan serena
que no hay razón para sentir pena.
Mi ánimo y deseo de vivir van a crecer.
Y veré en mi alma el amanecer.

La alegría en tu corazón   octubre 2012

Veo la alegría en tu corazón.
Se nota en lo más profundo de ti.
No quiero que se esfume por ninguna razón
porque también me alegra mucho a mí.

Al mostrar esa sonrisa que todos ven,
ven que eres más bella de lo que todos creen.
Una dulce belleza con tanta suavedad
que se puede notar a cualquier edad.

Veo esa alegría que fluye como una flor
que no puede desvanecerse de ti.
Tu corazón es un alma tan llena de amor
que pare una tierna ave dentro de mí.

Es una melodía que no para de crear
mariposas que salen de un caparazón.
Por eso es que siempre voy a desear
ver la alegría en tu corazón.

Cuidarte hasta el fin   octubre 2012

Cuidarte hasta el fin es lo mejor
para que nunca te sientas mal.
Verte triste es como ver un ruiseñor
a punto de gimotear.
Me puse ya a soñar
que estabas sola rinconada ahí.
Ya te quise acompañar
porque me apenó verte así.

Déjame escuchar tu voz bendita
que vale la pena oír.
Va con tu personalidad bonita
que me hace reír.
Estaré esperando para mirarte
cuando empiece al atardecer.
Y voy a mimarte
cuando comience a oscurecer.

Amo verte como un rocío
cuya belleza no puedo olvidar.
Ven a mí, amor mío
que te voy a cuidar.
Ninguna fuerza maligna
se va a acercarse a ti.
Ni una persona que sea indigna.
Prometo que será así.

Verás esa alma amorosa
y dulce que soy yo.
Una personalidad cariñosa
que tu corazón nunca antes vio.
Déjame cuidar tu sonrisa
que me recuerda a la del delfín.
Quiero sentir contigo cada brisa
para cuidarte hasta el fin.

Rinconada   octubre 2012

Te veo ahí sentada.
Quizás a alguien estás esperando.
Aunque los minutos están pasando,
te veo rinconada.

No sabes qué estás mirando
porque no te escucho decir nada.
Estás completando callada
y no sé si estás delirando.

Cuando te veo rinconada,
solamente estás escuchando
lo que dice el resto de la manada.

Quizás un sentimiento estás ocultando
porque estás aislada
mientras otros están conversando.

En el pasillo					octubre 2012

Todo evento pasa en el pasillo:
desde cuerpos con belleza chismeando
hasta cuerpos con cráneos con aire husmeando.
Cesarlos no es nada sencillo.

De alguien algunas se están ocultando
mientras hacen un sonido tontillo
con sus rostros maquillados hasta con brillo
Sin importarles si se están ridiculizando.

Alguna travesura deben estar planeando
los cuerpos de mi género en el pasillo
porque no se están callando.

Están parados en un lugarcillo
mientras a las modelos están mirando
con más disimulo que un grillo.

Acércate a mí   octubre 2012

Te veo como una belleza eterna
y glamorosa sentada ahí.
Me causa una tristeza interna
cuando te veo así.

Con tus lágrimas que tus ojos derraman
en tu cara ahora humedecida,
estás pensando ahora que no te aman
Y por eso, te sientes herida.

Si te sientes muy mal,
la tristeza sigue dentro de ti
y no tengas quien te pueda animar,
acércate a mí.

Cuando estés con afligimiento,
acércate a mí.
Porque no quiero ver ese sufrimiento
que afecta lo más divino dentro de ti.

Mandíbula impactada   octubre 2012

La mandíbula es impactada
por una derecha muy potente
que la siente hasta la gente
que ve la pelea en su asiento sentada.

Sientes que te golpea un puente
al sentir las manos con una pegada
difícil de ser fácilmente aguantada
y puede hacer que tu cuerpo quede yacente.

Los brazos del rival se tienen que estirar
y mover y debes conectarlo
porque simplemente no te va a mirar.

No hay tiempo para lamentarlo.
No se puede ni siquiera delirar.
La única alternativa es enfrentarlo.

En la orilla   octubre 2012

Estoy en la orilla sentado
viendo las olas subiendo lentamente,
y después bajan inesperadamente
dependiendo del ritmo asignado.

Trajo de despejar mi mente
mientras siento mi cuerpo calentado
por el sol cada lado,
Sintiéndolo eficazmente.

Veo muchos cuerpos moviéndose.
A algo deben estar jugando
y se ve que están divirtiéndose.

Se ve en sus caras que están disfrutando.
Todos están entreteniéndose
y yo vagamente observando.

En el aula   octubre 2012

En el aula, mi mano está anotando
para tener el siguiente examen aprobado.
Mientras la autoridad con material designado
está en la pizarra enseñando.

Mientras una parte del poblado
están completamente delirando
y a la autoridad están ignorando,
yo la escucho ocupado.

La autoridad pierde la paciencia
de lo mucho que se están mal comportando
cuando muestran esa imprudencia.

Cuando es mi carácter lo que están probando,
me dan ganas de perder hasta la decencia.
No soporto cuando esa parte está molestando.

Los durmientes en el aula   octubre 2012

Mientras los maestros están enseñando,
algunos en el aula están con los ojos apagados.
Es muy dudoso que estén cansados
cuando se tienen que estar aplicando.

No paran de tener los ojos cerrados.
Los durmientes no se están despertando.
Algo tienen que estar soñando
porque duermen despistados.

Los maestros quizás lo aparentan,
pero quizás ven quién está dormido.
Y aun así, el sueño no es interrumpido,
de manera que algo de material adelantan.

Bellas durmientes en el escritorio   octubre 2012

Cuando duermen esas bellas durmientes,
ponen sus cabezas suavemente en el pupitre
para que no tengan un sueño triste
que hieran sus sentimientos crujientes.

Una vez duermen en el escritorio,
quizás sueñan en tomar en consideración
algo que estimule esa linda relación
que tienen y lo buscan en el directorio.

Mientras los maestros enseñan en el aula,
ellas duermen cuando no se supone que suceda.
Quizás piensan en un romance y cómo queda
si están con su príncipe solitos en una jaula.

Quizás hayan más anécdotas que ésta.
Además de que cada una de ellas sueña.
cada bella durmiente es dueña
de lo que sueñan en esa pequeña siesta.

El tablero   octubre 2012

Cuando yo uso el tablero,
el balón entra con más posibilidad
cuando lo uso con habilidad
Que es lo que quiero.

Lo que siento es satisfacción
cuando el balón entra en la red
una vez uso el tablero, mostrando la pasión
y esa gran sed.

Usar el tablero no sólo funciona.
Usarlo también ayuda
a anotar una canasta, una por una,
aunque no deje a la afición muda.

Ver tu corazón entristecer   octubre 2012

Ver esa tristeza en tu corazón
de manera tristemente colosal
es como ver un frágil tazón
que en muchos pedazos se acaba de destrozar.

Es más triste que ver dos gaviotas
nacidas como un feto
con las dos alas rotas,
y nunca podrán sanarse por completo.

Escucharás mi voz que puede quizás aborrecer
y mis movimientos intentar hacer una melodía
para volver a ver dentro de vos esa armonía
con tal de no ver tu corazón entristecer.

En la cima

octubre 2012

Al lograr llegar a la cima,
uno no sabe lo bien que uno puede sentirse.
Ni siquiera con palabras pude describirse.
Para describirlo, no ayuda ni la mejor rima.

Todos tus enemigos y atormentadores,
que solamente te subestimaron,
fueron ellos quienes al final fallaron
en llegar a la cima, quedando como perdedores.

La gente ve lo valeroso
que eres por llegar hasta donde llegaste
y el gran esfuerzo que lograste.
Algo que es valioso.

La chica mariposa

octubre 2012

Veo a la chica mariposa
con su alma de soñador,
su personalidad tan hermosa
y su corazón encantador.

Es más tierna que una alondra.
No la pueden enternecer
porque no tiene nada en contra.
Todos aman su bello ser.

Mi corazón tiene contentura
al ver cómo esa chica va
por todos lados con esa dulzura
que su vasta y noble alma da.

Melodía   octubre 2012

Empieza a surgir la larga noche
y la tarde se esfuma ya.
Tu mente está en un coche
con una tristeza que no se da.

El silencio aparece
si no hay asolación.
Solamente desaparece
con tu armonización.

Veo a tu corazón gimiendo
y tu voz que se empieza a quebrar.
Pienso cómo te está hiriendo
y en cómo lo puedo arreglar.

Tu corazón puede superarlo
con momentos de amor.
Lo tenemos que alejarlo
de todo el mal clamor.

Hay que alegrar cada nota
que haga una melodía en ti
para consolar tu alma rota.
Acerca tu alma a mí.

Inscripción bravucona   noviembre 2012

Bravucona: no estorbes mi alma tranquila.
Ni yo ni nadie soporta tu bullicio
que parece que naciste en la jungla de Manila,
y por eso, lo que causas es mucho fastidio.

A mucha gente te la pasas hiriendo
sin importarte si los lastimas.
Tarde o temprano, vas a terminar perdiendo
con alguien si erróneamente lo subestimas.

Te metes con quien menos te conviene
y tienes a todo el mundo cansado.
Tu merecido tarde o temprano viene,
y eso te lo tengo garantizado.

Operación enseñanza   noviembre 2012

Maestra: téngale a mi grupo paciencia.
Entiendo que no es nada sencillo.
Algunos cuerpos se preocupan por su brillo
y otros demuestran un alto nivel de deficiencia.

Por un lado, es de usted de quien dependemos
para que podamos aprender el material
de una materia que no es confidencial
y que todos nosotros leemos.

Desearía que atiendan sin detención
en la vida escolar diaria
con tanto silencio como en la funeraria.
Desafortunadamente, no todos prestan atención.

Rosa rota

noviembre 2012

Al ver una rosa rota, tengo una imagen
que surge en dentro de mí de repente,
una que domina tu corazón por un amplio margen
y trata de hacer que esté en el piso yacente.

Pienso en tu corazón, una joya valiosísima
que tiene sentimientos muy bonitos.
Y cuando alguien le propina una herida durísima,
la quiebra en infinitos pedacitos.

Pienso en cómo hubiese lucido
verdaderamente si hubiese estado entera.
Pero en vez de lucir colorido,
es apenas una sombra de lo que antes era.

Un sentimiento deja el estado emotivo
de tu corazón completamente en bancarrota.
Empiezo a tener ese pensamiento negativo
cuando tengo en mis manos una rosa rota.

Violeta sin sus pétalos   noviembre 2012

Ver una violeta sin sus pétalos
es como celebrar una navidad
con un lindo árbol sin muérdagos
y sin regalos, lo cual es una anormalidad.

Es como ver lo último de esa belleza
que le da a tu corazón una señal de vida,
y de repente, lo lastiman sin delicadeza
y lo acaban con cualquier tipo de herida.

Una violeta sin pétalos es una imagen deprimente
de tu personalidad de dulce doncella
que es interrumpida por una fuerza hiriente
que saca lo más triste de ella.

Un motín   noviembre 2012

Hay cientos de cuerpos que están sentados
en sus asientos observando.
En un abrir y cerrar de ojos, están parados
luego de estar un momento protestando.

Empiezan a armar mil escándalos
y algunos objetos están lanzando.
Todos parecen unos vándalos
con el desorden que están armando.

A veces surge un suerte sonido
y es uno que no es nada sereno.
Parece el ruido de un trueno
que suena como un estallido.

Actúan con tanta animalidad
que parece que eso no tiene fin.
Nadie demuestra un grado de normalidad
cuando surge un infortunado motín.

Chica del demonio   noviembre 2012

Ella se gana solamente el odio
de miles con su conducta maligna
que no da gracia, solo indigna
y la convirtió en la chica del demonio.

Cuando la gente empieza a oír su voz,
oyen cada palabra que es más o igual de dañina
que oler o ensuciar la tierra con nitroglicerina,
algo que te causa algo peor que la tos.

Nuestros cerebros no quieren escucharla
porque sabemos muy bien lo que viene
De ella que es peor que el huracán Irene
porque simplemente nadie puede pararla.

La chica del demonio es incorregible.
No la puede detener ni la autoridad.
y puedo decir esto con sinceridad:
Es una bravucona extremadamente terrible.

Guitarra abandonada noviembre 2012

Está en el estuche negro guardada
con señas de seguir con vida.
Espero que sepa que no se me olvida
que la tengo, pese a que esta desafinada
de mucho tiempo sin estar utilizada.
Mi guitarra lleva tiempo sin usarse.
No sé cómo ella no puede amargarse
de estar ahí completamente abandonada.

No me olvidé de ese instrumento
que me ayudaba a manejar el estrés.
Sentía un gran relajo cada vez
al tocar sus cuerdas con cada movimiento
que hacía al tocarlas con mis dedos.
No la tengo ni la tendré en el olvido.
Recuerdo la guitarra que produce cada sonido
que le puede quitar a uno sus miedos.

Guitarra deseosa   noviembre 2012

La guitarra está sin duda muy deseosa
de que sus cuerdas empiecen a moverse
para que alguien pueda entretenerse
sin enterarse de una noticia novedosa.

Sólo quiere que se toque una canción
que tenga mucha musicalidad.
No necesariamente debe tener fragilidad,
pero debe llamar mucho la atención.

Ella no quiere ver una chica afligida
que está deprimida por alguna cosa.
Quiere tocarle una melodía preciosa
para que se sienta mejor y esté entretenida.

Quiere tocar una música energética
Que suba la adrenalina del público.
Es muy obvio que no soy ni seré el único.
Está en cualquier genética.

Proyectiles impactando   noviembre 2012

Se venden millones de modo clandestino
y no todo que se lanza es certero.
Pero cuando llegan al deseado destino,
pueden ocasionarte un gran agujero.

Cuando los proyectiles están impactando,
impactan en cualquier parte disponible.
En el momento, lo que están ocasionando
es un daño muy irreversible.

El cuerpo impactando va cayendo
de poco tras sentir el proyectil.
Ve el líquido que está perdiendo
por esa cosa que no lo hirió de forma gentil.

No le importa que alma esté herida
o si termina o no sobreviviendo.
Lo que quiere es acabar con una vida
y verla en el suelo pereciendo.

Halcón determinado   noviembre 2012

No le importa si viene un meteorito
que viene a tanta alta velocidad.
Va a tratar de pasarlo con seguridad
con tal de que todos recuerden su mito.

Generalmente, siempre está solo
Sin nadie que quiera acompañarlo.
Pero al recorrer millas, nadie puede pararlo.
Viaja y explora cualquier polo.

Demuestra que es un halcón determinado
cada vez que está en el aire volando
y en ningún momento está descansando
Su deseo de seguir no se ha deteriorado.

Mientras otras aves van unidas como hermanas
sin perder por un segundo la unión,
él va solo, pero con determinación
Empezando su recorrido por las mañanas.

Puños volando   noviembre 2012

La afición estaba alertamente mirando
cuando los puños están volando.
Al volar, ya saben bien su camino,
pero no todos llegan a ese destino
que la afición siempre está deseando.

La afición está como loca esperando
a que un golpe con la izquierda sea conectado
o un derechazo que cualquiera esté tirando.
Y de repente, se está excitando
al ver a uno de los dos derribado.

Una vez los puños están aterrizando
en el blanco ya deseado,
El público se pone más emocionado
porque ve lo que esos están demostrando
con la intención de terminar ganando.

## Belleza sin mentalidad	noviembre 2012

Te crees una grandeza en el globo terráqueo
manteniendo con tu belleza a todos en tu centro.
Pero a la hora de inspeccionar tu cráneo,
en él, hay sólo aire puro por dentro.

Sí, se nota que hay una gran figura
que puede atraer a uno claramente.
Quizás todos vean esa gran hermosura.
Pero la mentalidad no está ahí necesariamente.

Se ve que inteligente no serás jamás
aunque conquistes a hombres con besos.
Para asombrar se requiere muchísimo más.
Necesitas desarrollar tus sesos.

Logras en el escenario una gran demostración,
pero tu mente, hay un mar de dudas,
y cuando das una ilógica contestación,
dejas a muchísimas almas mudas.

Quizás tengas un cuerpo muy proporcionado
que enloquece hasta a hombres con vulnerabilidad.
Pero en realidad lo que has demostrado
es que eres una belleza sin mentalidad.

Cachorro abandonado   noviembre 2012

Al ver un cachorro abandonado,
pienso en una dulce alma perdida
que la dejan en cualquier lado,
incluyendo un callejón sin salida.

Lo dejan tirado muy solito,
sin acompañante a su fortuna,
sin ninguna persona que lo trate bonito
que lo cuide; absolutamente ninguna.

Piensa: "¿Quién va a cuidarme?
¿Qué hice para que me dejaran de tal manera
que solamente tengo que alimentarme
de lo que haya en la acera?"

Si logra conseguir una jauría
para no estar siempre aislado,
Eso le daría un poquito de alegría
aunque sigue siendo un cachorro abandonado.

A su propia suerte lo han dejado
y lo hicieron inescrupulosamente.
El día que sea ayudado y aceptado,
su corazón se alegrará infinitamente.

Bravucón general

noviembre 2012

Siempre está acompañado con su manada
con una mentalidad de animales,
que al ver sus expresiones faciales,
se ve que no hay actividad cerebral desarrollada.

Es él quien completamente todo lo lidera
cuando está o no con su pandilla
para buscar algún tipo de problema o rencilla,
aunque sea en una acera.

Con su pandilla acompañándolo, a veces
causa una sóla cosa: puro terror.
Lo hace cuando puede y a veces es un horror
pensar que los demás lo aguantan por meses.

Siempre está en busca de una víctima
para quitarle hasta la última gota de serenidad
y tratar de salir con impunidad
de la manera más legítima.

Así es siempre el bravucón general.
Con o sin su pandilla, atormenta sin cansarse
sin importarle que hace algo que merece considerarse
algún día una seria ofensa descomunal.

El camionero   diciembre 2012

El camionero recorre miles de millas
Usando hasta todo tipo de atajo.
Termina manejando hasta en las villas
con la intención de hacer su trabajo.

Está siempre en el asiento sentado
con las manos pegadas al volante.
Siempre se le ve un poco enfocado,
aunque muestra una actitud poco delirante.

A cualquier dirección está dispuesto a doblar
para llegar a su destino.
No le importa si se pone a nublar,
debe saber el camino.

Pocas veces va con un compañero
para que pueda ayudarlo.
El sacrificio que hace un camionero
es tan grande que nadie puede criticarlo.

Mi bandera argentina   diciembre 2012

Tengo los colores azul, amarillo y celeste
en mi corazón y los defiendo como una cobra.
Aunque viva en un país que está en el este,
La amo y no la cambio por ninguna otra.

Al ver esa bellísima cara en el centro
Que está centrada en ese sol amarillo
Hace que crezca ese amor hacia mi país por dentro
Y me da un fuego que causa un brillo.

La trato con la mayor consideración
Porque ella representa mis raíces.
Representa en mi opinión la mejor nación
Aunque siempre respetaré los demás países.

Sin duda, es el más divino sentimiento
Que lo tengo hasta al caminar en la vereda.
No es una alucinación; ni tampoco miento.
Es el verdadero amor hacia mi bandera.

Dulce amiga mía diciembre 2012

Me muestras esa dulce sonrisa a mí
que me recuerda a una memoria infantil.
Al ver esa expresión así,
me hace pensar en el cielo azul y gentil.

Me llevas a un lindo lugar
que me llena de felicidad por cualquier vía.
y me hace llorar porque es tan espectacular.
Me hace apreciarte, dulce amiga mía.

Veo esa mirada en tus ojitos
que lo que hace es lucir.
Odio ver en ellos esos sentimientos bonitos
que se empiezan a reducir.

Yo sé con mucha certeza lo que digo y hago.
quiero consolarte para ver esa alegría
de nuevo y no llores un lago,
dulce amiga mía.

www.ingramcontent.com/pod-product-compliance
Lightning Source LLC
Chambersburg PA
CBHW061337040426
42444CB00011B/2963